Buscando la luz

Buscando la luz

*"Mis poemas con sentimiento
y mis sentimientos en poema"*

Paola Palacio

Copyright © 2012 por Paola Palacio.

Número de Control de la Biblioteca del Congreso de EE. UU.:		2012906864
ISBN:	Tapa Dura	978-1-4633-2734-7
	Tapa Blanda	978-1-4633-2733-0
	Libro Electrónico	978-1-4633-2732-3

Todos los derechos reservados. Ninguna parte de este libro puede ser reproducida o transmitida de cualquier forma o por cualquier medio, electrónico o mecánico, incluyendo fotocopia, grabación, o por cualquier sistema de almacenamiento y recuperación, sin permiso escrito del propietario del copyright.

Las opiniones expresadas en este trabajo son exclusivas del autor y no reflejan necesariamente las opiniones del editor. La editorial se exime de cualquier responsabilidad derivadas de los mismos.

Este Libro fue impreso en los Estados Unidos de América.

Para pedidos de copias adicionales de este libro, por favor contacte con:
Palibrio
1663 Liberty Drive
Suite 200
Bloomington, IN 47403
Llamadas desde los EE.UU. 877.407.5847
Llamadas internacionales +1.812.671.9757
Fax: +1.812.355.1576
ventas@palibrio.com
398553

Índice

Introducción 9
Desamparo 11
Resignación 12
Mi amor 13
Desidia.. 14
Amor herido 15
Presencia.. 18
En un beso 19
Mi destino.. 21
Es tiempo de olvidar 22
Mi amada Rosalía... 23
A mi hijo ausente... 24
A mi hijo ausente... 25
Siempre lo mejor 26
Nostalgia.. 27
Arremetida ansiedad 28
Despertar.. 30
Sombras de mi melancolía 31
Retoño fugaz 32
Una lágrima.. 33
Velo azul 34
Frío 36
El alba.. 38
Tus ojos... 40
Amor antagónico 41
Amor anclado 42
Promesa 43
Cuando cae la lluvia.. 44

El frío de mis ganas 45

Dulce intriga 47

Ingrato amor 49

Los aullidos del limbo 51

Muy dentro 53

La entrega 54

Quien 56

La distancia 57

Muñeca de vitrina 58

Entre el palpitar 60

Valle del olvido 61

Aletardada en un sueño 63

Sueños rotos 64

Alumbrando una pena 66

La profundidad de un sentir 67

Para ella 68

Luna enamorada 69

La añoranza 70

Almas gemelas 71

Profundo sentimiento 73

Sello de amor 75

Escapando a la vida 77

Furia y amor 79

Mar del olvido 81

Trampa de la vida 83

La caída del vuelo 85

Retórica desesperada 87

Proeza de un perdedor 88

Existencialismo 89

Mi ser 90

9-11 92

Labios de pasión 94

Instantes 95

Recuerdo 97

Solo por hoy 98

Dedicatoria

A mi ángel de luz, ROSALÍA, le dedico este libro
como ofrenda al gran amor que nos unió, que nos une y nos unirá,
aún más allá de lo inentendible,
y por esa promesa latente que algún día se ha de cumplir.

Con profundo sentimiento,

Paola

Introducción

El sentimiento que brota de mis entrañas
sangra sobre las letras que acompañan mis versos
y no es la emoción la que me embarga
sino el ritmo acelerado de mis pensamientos.

Paola Palacio

Desamparo

Pasan los días con ironía
con el sabor del desengaño,
del repelente desamparo,
del perpetuo abandono.

En mis pies hay una consciencia,
hecha añicos,
en mis hombros indiferencia,
creciente,
como espuma en los riscos.

El día empieza y me sonríe
la esperanza es joven y febril
las horas corren sin que evite
que cada pensamiento sea por ti.

La tarde llega pintoresca,
luciendo los colores de la tristeza,
y en la noche cual viuda fresca,
lloro una vez más tu ausencia.

Asoma de a poco el invierno,
y sin piedad azota el frío,
Congela el deseo escondido,
Acechando la tibieza en el vacío.

Por el hecho de no tenerte aquí
voy creyendo en el destino
no pensé que sería así
el amor, agridulce desatino.

1 de noviembre de 2005

Resignación

Amparada a tu desvelo,
vivo y sueño sin anhelos,
Sé y siento el sufrimiento,
que te causo sin quererlo.

Amor te pedí en su tiempo,
protección y entendimiento,
mas negaste el encuentro,
de dos almas en tormento.

Hoy no sé vida mía,
que será de mis días,
sin ti nada es armonía,
se volvió todo agonía.

Estrujado siento el corazón,
acribillado sin razón,
proclamo con desesperación,
resignación en mi aflijida oración.

2005

Mi amor

Mi amor cae en pedazos,
es abandonado,
es castigado a zarpazos,
está por ti olvidado.

Mi amor grita,
y se agita,
pide que lo sueltes,
quiere esconderse.

Mi amor es infinito,
lo admito,
mas sabe esperar,
no conoce el olvidar.

Mi amor es luchador,
y el tuyo con rencor,
lo hiere sin pudor
lo mata sin perdón.

Desidia

Hoy la tarde pinta gris
como gris está mi alma,
y la calma me atrapa,
me asalta esta desgana.

Oigo voces, oigo risas
entre ventiscas, intempestivas
arremetidas
y me seduce la desidia.

Mis pies no quieren seguir,
mis manos olvidaron sentir,
mis riendas corren a vapor
prisionera en las garras del amor.

Y una única invitada,
una lágrima,
que resbala tan delgada,
inundando mi inerte mirada.

Es dificil comprender,
es tan cruel este dolor,
es confuso emprender,
mi camino a tu perdón.

Amor herido

Marejada que sube y baja
que llena y sacia
de aventura mi morada,
así eres tú,
como el alba
cuando al abrirse
da cabida a mi alma,
y al anochecer,
cuando las lágrimas
salen a recorrer,
se entrecoje,
mi corazón
de tanto querer.

Rinconada de pasiones
y contemplaciones,
tan hirientes tus palabras
como tu falsa faceta,
que te convierte
sin clemencia
ni demencia,
en la fortuita marioneta,
de un rencor sin pudor,
y de un amor
acompañado de dolor.

Te amo y te proclamo,
y entre espacios
febriles
yo te pienso,
tan funesto,
como este sentimiento,
anclado en mi bahía,
sin valía
con menguante valentía,
por ser solo
beso en la boca mía,
por no saber
si me corresponderías.

Y al final,
solo queda esperar,
a que otra oportunidad
levante el castigo
del velo sombrío
de tu indiferencia,
y nos regale
la damisela clemencia,
cuanto deseo que entiendas,
que como yo
nadie jamás
te querría
por que sin ser
la miel de tu paladar,
soy la rama que sostine tu panal.

Entiendo tu falencia
y tu distancia,
mas estos ojos en constancia,
quieren consolar la carencia,
larga estancia
arropada de prudencia,
que pernocta,
como injusta sentencia
en derrota,
y mis pálidas manos,
denotan,
querer curar la herida
de la despavorida
embestida,
y la desgarradora partida,
y así vida mía,
tan solo así,
llevarme
muy merecida,
tu sonrisa
bendecida...

2 de diciembre de 2010

Presencia

Estás en mi, te siento,
dulce presencia y me aquieto,
como un niño me adormezco
porque sé, te pertenezco.

No te veo, pero te llevo
a mi costado y me arremeto,
punzante sentimiento
el que me embiste... y me someto.

Tan febril como un candil,
que alumbra mi obscuridad,
entibia mi soledad
y me envuelve el frenesí.

¡Tan solo por ti!
Por la ausencia de tu presencia
porque te siento y no te veo
te llevo y no te tengo.

22 de noviembre de 2010

En un beso

En un beso,
quiero dibujar
el paisaje de un encuentro,
tan quieto,
tan profundo
como el sentimiento.

En un beso,
déjame enseñarte
lo que vive aquí adentro,
en mi,
permítele salir,
por ti, por lo que siento.

En un beso,
quiero regalarte mi aliento,
y volar juntos
como el viento,
en un sueño,
porque sé, no te pertenezco.

En un beso,
donde tus labios sean el eco,
de este nervio
que provoca,
mi eterno desespero
en la cercanía con tu boca.

En un beso,
pido puedas escuchar
mi corazón,
aún latiendo,
gimiendo,
por este amor inmenso.

En un beso,
quiero deleitar
y enjugar
el deseo hambriento,
tan solo eso,
porque pienso lo merezco.

28 de noviembre de 2010

Mi destino

No me tientes más,
vienes y vas,
y sin reparar,
como el mar,
en tempestad,
te doy mi voluntad.

Sigo aquí,
como un arlequín,
desafiando,
esperando,
tu intención,
arañando tu traición.

Pintas mi sonrisa,
con alegoría,
en Mona lisa,
fresca y sumisa
y como la brisa,
te alejas sin prisa.

No puedo entenderte,
ni retenerte,
prefiero perderte,
sin tenerte,
y hacerme la fuerte,
echarme a mi suerte.

Sigue tu camino,
yo iré en mi destino,
tu olvido persigo,
lo domino,
tu amor aniquilo,
lo asesino.

Es tiempo de olvidar

Es tiempo de olvidar
y de avanzar
dejarlo todo atrás
encontrar de nuevo paz.

Es tiempo de perdonar
de entender
que no puedo esperar
que debo renunciar.

Es tiempo de volver a amar
de amanecer
y renacer
de mi vida complacer.

Es tiempo de soltar
las manos, despegar
ir lejos de tu mirar
sin volver hacia atrás.

Es tiempo de construir
las ganas de vivir
y en cada resurgir
alejarme del morir.

7 de diciembre de 2010

Mi amada Rosalía

Ventisca congelada,
amañada, en ráfagas
inesperadas,
que calan la melancolía,
de mis tristes días,
en rítmica armonía,
y como una tierna niña,
repaso tu regazo
y me estremezco,
dulce suspiro...
me enternezco,
y sin otro giro...
me adormezco.

¡Oh! Dulce vida mía,
de mis amores
la más querida,
soplas mi poesía,
con aliento de colores,
fulminando los ardores,
en la herida,
de mi alma aflijida,
por tu partida
intempestiva,
abuela de mi vida,
mi guía,
¡mi amada **Rosalía**!

A mi hijo ausente

Eres para mí,
la belleza del jazmín,
lo profundo del mar,
lo lejano a todo mal.

Mi ángel inalcanzable,
siendo tan constante,
como las estrellas
al acostarse.

Horizonte sumergido,
en tu mirar hundido,
tal como la luna,
en la laguna cual ninguna.

Eres mi niño, blanco,
como un manto,
y tan vacío,
como el mismo blanco.

Tan refrescante
como el olor a rosas,
y tan punzantes
tus espinas dolorosas.

Déjame un minuto,
eterno y diminuto,
en este cruel mundo,
donde tu imagen acuno.

A mi hijo ausente

Que importante eres para mí
veo en ti la belleza del jazmín,
lo profundo del mar
lo lejano a todo mal.

Inalcanzable, siendo constante
como las estrellas al acostarse
el horizonte sumergido en tu figura
tal como la luna dibujada en la laguna.

Estás tan blanco, como un manto,
y tan vacío como el mismo blanco,
tan refrescante como el olor a rosas,
y tan punzantes tus espinas dolorosas.

Déjame únicamente este minuto,
eterno y a la vez diminuto,
clávame un anhelo vago en el limbo
no dejes de seguir siendo mi niño.

31 de julio de 1999

Siempre lo mejor

Mi mayor alegría,
es tu vida bien vivida,
tu felicidad es mi armonía,
tu paz, a Dios mi cercanía.

Qusiera colmarte de bendiciones
de augurios y buenas predicciones
que la suerte siempre te acompañe,
y que mi cariño nunca te falte.

Yo pediré por ti desde este sitio
y te llevaré en cada logro conmigo
solo te pido un favor mi gran amigo
nunca te olvides que estaré siempre contigo.

27 de febrero de 1999

Nostalgia

Y si alguna vez te pienso,
será porque eres mi gran recuerdo,
y si camino con mi sueño escondido,
será entonces porque en mi sigues vivo.

Escucho cada murmullo en mi oído,
susurrando lo que no he vivido
respiro el aroma del olvido
del pesar por haberte perdido.

Y recorro esta frágil quietud,
y acaricio con nostalgia tu virtud
y me invita mi insistente soledad,
a embriagarme con absurda sobriedad.

¡Ve! Y busca compañía,
que encuentres en ella alegría,
yo seguiré avanzando
y a mis deseos sin duda alcanzando.

28 de febrero de 1999

Arremetida ansiedad

Revíveme,
sálvame de morir,
atiéndeme,
en el porvenir,
compréndeme,
no quiero sufrir,
levántame,
tengo miedo sucumbir.

La arbitrariedad,
me atrapa sin piedad,
la hostilidad,
alimenta mi sobriedad,
y en tempestad,
tu terrible atrocidad,
sin seriedad,
roba mi tranquilidad.

Esperar,
funesta y dispuesta,
tu despertar,
ansiosa respuesta,
y desvariar,
con mi alma expuesta,
sin apostar,
a tu intención deshonesta.

Aléjate,
no me busques más
apártate,
entorpeces mi mirar
fulmínate,
no te quiero contemplar
márchate.
de mi endurecido andar.

14 de diciembre de 2010

Despertar

De repente, sin darme cuenta,
la realidad ante mí se despierta,
es ver el amanecer cada día,
y no entender lo que consigo venía.

Mil razones es nada,
cuando no las comprende el alma
que no hay peor morada,
que una mentira vestida con magia.

Abre tus ojos con optimismo,
sal del profundo y obscuro abismo,
busca tu vida, se tu armonía
se tu dueña y tu única guía.

7 de febrero de 1999

Sombras de mi melancolía

Buscando entre tantas lunas,
que cada noche me acompañan
me encontré que cada una
guarda secretos del alma.

Te proclamo, Cenicienta añorada,
en mis recuerdos y sigues siendo soñada,
entre pálidos rayos tu espíritu afloraba,
y su posada, pernocta en tu mirada.

Titubeo en las sombras de la ansiedad,
y me encallo en la continua soledad,
es nublado el deseo de arribar,
y el despertar a la cruel realidad.

Aparentar felicidad,
cuan absurda falcedad,
olvidar, que daría yo por olvidar,
y empezar, empezar sin mirar atrás.

3 de julio de 1999

Retoño fugaz

Pequeño fruto de mis entrañas,
quisiera semejarte a un bello girasol,
que en sombras al sol, su tallo extraña,
y en el día se abre en todo su esplendor.

Eres parecido al viento, mi dulce niño,
que danza suave, al paso, su leve himno,
aleteas frente a mi tus alas angelito,
como lluvia enredando sobre mí sus finos hilos.

Eres el dulce néctar de un manzano,
coloreando las campiñas en verano,
la roca mojada en medio del torrente
abrazando sin descanso la estela para siempre.

Eres sin duda,
mi principio y mi fin
mi mañana, mi noche,
y mi alegría en pleno derroche.

10 de agosto de 1999

Una lágrima

Una delgada y larga lágrima
es todo lo que de mí puedo dar
y aunque tan hondo me lastima
su presencia no la puedo alejar.

Tómala o déjala, es tu decisión,
es poco para tu gran aspiración
siéntela o recházala, es mi desperación,
y solo yo sé que encierra este dolor.

Clava tu mirada en el fondo de mi alma,
te darás cuenta que en nada se iguala,
mientras tu amor por mí siempre divaga,
el mío se dará sin esperar a cambio nada.

Por eso...
cada vez que una tenue lágrima baje por mi rostro
con el sabor salado de mi corazón roto,
mírala, resbalando por mis poros,
pálpala, siéntela derrotada sin sollozo.

Dedicado a Gabriel

12 de agosto de 1999

Velo azul

De añil viste el cielo,
en pleno furor,
por el festejo,
de nuestro amor.

Junto al mar,
el velo azul,
y en mi mirar,
tan solo tú.

Risueño,
como en un sueño,
sereno,
como ave en vuelo.

En el océano y su velo,
nuestro anhelo,
anclado al velero
barado a lo lejos.

Un coro de gaviotas,
suave sinfonía,
se mezcla entre las olas,
retumba de alegría.

Y el cándido viento,
que sopla el suceso,
retiene el momento,
lo sella en un beso.

El tul del amor,
danzante espectador,
abraza el altar,
se posa en el mar.

17 de diciembre de 2011

Frío

Espada de acero, frío
señor en monasterio,
silencioso,
y tan efímero
tal cual pretencioso.

Compañero en la danza,
de la blanca dama,
gélido frío,
y en tu amplia ráfaga,
severa es tu magia.

Frío, tan intempestivo,
abrigo del olvido,
testigo,
de secretos escondidos,
en el baúl del hastío.

Contigo la nostalgia
se acompaña,
baila, frío baila,
con la escarcha,
embriaga tu llegada.

Hostil es tu rostro,
a tu paso,
se hielan los astros,
frío desolador,
del corazón ten compasión.

Frío, tu huella indeleble,
en tu templo,
no deja entenderte,
pasmado en el tiempo
estación inclemente.

17 de diciembre de 2010

El alba

Soplo fresco
dulce aliento
de la aurora
a temprana hora
levantando cual ola
la obscura cama
que con sus brazos arropa
las dormidas montañas.

Destello de colores
que a su paso
despierta sensaciones,
abriendo despacio
en tinieblas moribundas
pinceladas doradas
anunciando la llegada
de la joven mañana.

Y cada rinconada
se levanta alborotada
al pujante amanecer,
con el placer
de escuchar
las azulejas cantar
una dulce sonata,
y una nota novata.

Magestral alba
camaleónica
vestida de calma
va dejando
su aroma a durazno
y despuntando
las cuerdas del sol
brillante esplendor.

Una esperanza,
un aria,
una emoción
en cada color
así es el alba
como una oración
que enternece el alma
y el corazón.

3 de enero de 2011

Tus ojos

Me miras con tus ojos
cual mariposa coloreando mi otoño
y son traviesos e intensos
que me perplejan
cada vez que los encuentro.

Quisiera jugar con ellos
y seguir el ritmo de sus desenfrenos
pero son tan hábiles y atentos
que suspiro
cuando los tengo lejos.

Como haré yo para decirles
que mi vida sin ellos no tiene perfiles
y que moriría aquel día
que de mí, sin reparo los retires.

Vivo sumergida en tu dulce mirar
y fascinada por su intenso brillar,
regálame una mirada apasionada
y estaré de ti siempre enamorada.

12 de noviembre de 1999

Amor antagónico

La belleza de un amor
es una verdadera vocación
de un ser, que con esmerada inspiración
va sembrando un sendero de pasión.

El amor es el sentimiento más profundo
intenso como ninguno,
capaz de dejar a todos taciturnos
y negarlo sería muy absurdo.

El amor hunde hondo sus raíces
va trazando pinceladas en rostros felices
rinde tributo a la belleza escondida
y se deja llevar por el alma escogida.

El amor es místico en sabores
es dulce, es agrio y amargo
escurridizo como los caracoles
e hiriente como el mortal dardo.

19 de septiembre de 1999

Amor anclado

Como puedo olvidarte
si no puedo dejar de quererte
quiero ocultarme para no verte
pero en cobarde me convierte.

Ya han pasado tantas lunas
y quiero borrar nuestra historia
es que ella sin duda alguna
se ha clavado en mi memoria.

Pasajera es la idea de tenerte
ya tu amor está en otros brazos
mi corazón aún llora por perderte
y te suma a la plegaria del fracaso.

26 de junio de 2005

Promesa

Yo te daré todo lo que pueda
mientras viva y no muera
te cuidaré en mis noches en vela
te protegeré con mi alma entera.

Yo te daré todo lo que quieras
y escucharé cuando tengas penas
abriré todas mis fronteras
y seré tu fiel consejera.

Seré tu constante compañía
y te guiaré hasta el final de mis días
tú serás mi infinita alegría
y la paz que con fervor a Dios pedía.

Por nuestro mundo inigualable
iremos sin escuchar lo que hablen
viviremos sin que nos halaguen
y rogando que nuestros días se alarguen.

octubre de 2000

Cuando cae la lluvia

La lluvia cae generosa
mientras la brisa juguetea
misteriosa,
albergando pensamientos,
embriagando, sentimientos.

La melancolía toca la puerta
en este gris y brumoso día,
la tarde se marcha deprimida
la noche llega callada y fría.

Se oculta la alegría
y una suave melodía
transmuta los recuerdos
anida desesperos.

Los faros traslucen
la amarillenta luz
que se cuela por el ventanal
y las notas de un piano
tallado en nogal
destapan el alud
de sentires encontrados.

17 de junio de 2001

El frío de mis ganas

Frío,
frío siento entre mis brazos
porque te tengo y no te tengo,
una helada viene en temporada,
es costumbre, es morada...

Frío,
frío siento entre mis dedos,
que se enredan
en ausencia descarada y
entre sombras de la nada...

Frío,
frío siento entre mis labios,
que se mojan en deseo
y se entrecogen en imágenes retro,
tan solo eso...

Frío,
frío siento entre mis pechos
que se empinan en la cima del fracaso
a tan solo cortos años
sin llegar a ser escasos...

Frío,
frío siento en las entrañas de mi vientre
que se esmera por emitir el concierto
y el gemido del amor
y te llama, te proclama.

Frío,
frío siento en lo profundo de mi alma
desde que nací,
acostambrando al corazón,
a endurecer su porvenir...

Frío,
frío siento entre las llamas del amor
que arden frustradas con razón,
dejadas en el olvido,
por cualquier sabio vividor...

Frío,
frío siento en mis palabras
que disimuladas
tratan de vestir el filo del hacha y
cortar la dulzura en una eterna racha...

Frío,
frío siento
en el deseo de morir
aliviante deceso y
en la tumba helada, sucumbir...

29 de marzo de 2009

Dulce intriga

Funebre es la flecha
que atraviesa
finamente el corazón
humillante brecha
que con débil fuerza
agota el suspiro de la razón.

Y la sonrisa pintoresca
es la falacia
que como semilla fresca
crece en la fachada
de una dulce mirada
y una ternura abochornada.

Abotonada en el pecho
pernocta la gana
del sutil sentimiento
y en ruinas, agotada
a paso lento
camina alentada
la ansiedad aquí adentro.

Latiendo en cada tormento
prisionero
cautivo en un beso
va el sufrimiento
por el abismal riesgo
de lo que voy sintiendo.

El misterio de la intriga
se levanta
con lo que tu boca diga
palabras que mitigan
y fulminan
el panteón, de una despedida.

13 de enero de 2011

Ingrato amor

El riesgo de morir
en tu memoria
me aprisiona
en la pared obstentosa
de la desesperacion
y los tentáculos
de la desolación.

Oculta voy
como sombra
sin amor
esperando en el rincón
lleno del vacío
de tu olvido y
de lo cruel de tu castigo.

Y desde al frente,
la burlona bruma,
me somete,
a la duda,
y en un mundo
de locura,
de mi perdida cordura,
y de tu fuerte atadura.

Estoy sedienta de encontrar
el suspiro abandonado
y así ultrajar
las garras del tiempo
con lo que me atas
a tus fenecidas ganas,
por que entiendo,
no me amas.

Y hundida
en el naufragio
de un amor, voy
confundida
en el contagio
del pavor
donde el dolor
es un solitario espectador.

3 de enero de 2011

Los aullidos del limbo

Largos ratos de ocio
desperdiciados
entre la cordura
dulce, sutil y testaruda
que aquieta de vez en cuando
la locura y la
acaricia con finura
dibujando con las manos
la endidura de una sonrisa eslobada
entre la desgana
y la pericia
de demostrar,
quien es el que manda.

Y al rato, flotando
cual bote ausente
en la laguna
de la inquietante mente
surge la pregunta
qué sería
si algún día
sin ataduras
del pecho el corazón se saliera
y el orgullo tan solo cediera.

A ti me dirijo,
que no escuchas lo que digo
ni vas por el camino
por donde sigo
amansa los perros
que llamas
para detener esta batalla
que acompaña
los ladridos hambrientos
de este sentimiento
que en jauría remitente
los convierte
en aullidos del lamento.

Y empiezas a entender
justo cuando el péndulo
se va a detener
en el sueño despierto
que la atorrante ansiedad
asalta sin piedad
dirigiendo como a un muerto
el crepúsculo de
la tranquilidad,
al panteón de mi obscuridad.

14 de enero de 2011

Muy dentro

No puedo pretender ser Dios
ni imponer lo que creo es mejor
siento una lucha en mi interior
me resisto a la desolación.

Alzo mis ojos y encuentro confusión,
no me atrevo a deshojar mi corazón
es que escucho gritos con razón
o es tu voz que extraño con dolor.

Busco darle tiempo al tiempo
viajar en el y saber de mis anhelos,
ser amiga de mis sentimientos
y entender lo que llevo dentro.

Tengo tanto oculto en mi pecho,
oprimiéndome sin ningún respeto,
una realidad que debo desafiar
y que no enfrento por no fracasar.

Yo quiero decir tanto y me contengo,
yo quiero dar todo lo que tengo,
yo quiero de tus labios un te quiero
y atesorarlo en un eterno beso.

1999

La entrega

Los besos encarnados
cual pliegues de tus labios,
enjuagados,
con el aliento de tu boca
son los que he guardado
para ti,
porque me provocas,
cada vez que los tocas,
y haces una fiesta
cuando me alborotas.

Tus manos sudorosas
por el recorrido
de los petalos de rosa
sobre mi espalda
roban alaridos
de deseo
que reparten amistosos
destellos de amor
en el tiempo
y en mi cuepo.

Y después que el sol poniente
se acueste
y la mañana fresca
aparezca
pido
el reloj se detenga
en la entrega
y así mi Dios
en horas eternas
abandonar
la desdicha de mis penas.

25 de enero de 2012

Quién

Quien dijo que era imposible
hacer de un sueño
la mejor de las realidades,
cuando eras mi anhelo
y con amor, hoy
a mi lado te llevo
vivo y disfruto el momento
dejando atrás el tormento
ahora, brilla el sol
más luminoso y con candor
un torbellino de pasión
y mi corazón, a ti
sin dudar te lo doy,
mi aliciente es tu fortaleza
mi fortaleza, complacerte,
vivo para sentirte
y así sentir que sigo viva
ser el manantial de tu fuente
y tu la fuente de mi manantial
ilumino porque me das luz
y con mi luz yo te alumbro
al avanzar por este mundo.

La distancia

Quiero la vida te sonría,
es dura la distancia
las horas pasan sombrías,
tu nombre es mi letanía
entiendo tu partir,
es amar sin compartir,
así lo decidí,
morir por vivir.

El sentimiento es nativo
anhelo estar contigo
no hay kilómetros ni lucha
que pueda apartar dos seres
que se van a amar hasta sin razón.

Siempre estaré allí,
con un pensamiento con una oración,
nunca te fallaré en la esencia de mi amor,
tú me hiciste sentir cada latir del corazón.

Muñeca de vitrina

Así me siento
así me lo dice el viento
que pule con su aliento
el corte del vidrio,
viejo,
en el escaparate
donde yace mi morada,
allí donde nace
la perdida mirada,
a un mundo de fantasía,
para mí,
y a una escuálida realidad,
para los demás.

Y mientras pasa el tiempo
por el desván de la vida,
veo escapar mis días,
como muñeca de cera,
linda pero vacía,
hermosa pero sin vida,
y esas pestañas rizadas
que a mis ojos acompañan
se enjugan todas mojadas,
entre lágrimas,
y tantos sueños,
que hondo peregrinan,
hasta poder construir,
con ellos,
mi cielo.

Muñeca de vitrina,
así me llaman,
se escucha el eco
de la melodía
y sigo aquí parada,
al borde del sol
y al filo de la luna
esperando sin fortuna
que llegue un hada
y arrebate del pecho
la ilusión de convertirme
en una mujer para adorar
y no en una muñeca de bazar.

5 de julio de 2011

Entre el palpitar

No me importa que me juzguen
por un sentir
que sin presumir
es solo mío...

Con que derecho
pretenden escarbar
dentro de un ser
ajeno de la maliciosa voluntad
y encontrar y hurtar
lo que más anhelo rescatar
cuidar, atesorar...

Que atrevida es la tempestad
que viene con deseos de arrebatar
lo divino, lo prohibido
lo inentendible
con que autoría
vienen a ensuciar
mi delicada ansiedad
sin respetar
que la llevo en cada palpitar
porque sin sospechar
ella me da vida,
y me inspira
en cada poema
en cada día...

20 de mayo de 2011

Valle del olvido

Que fría está la noche,
en la explanada
del valle del olvido,
se divisa a lo lejos un camino,
tal vez el recorrido
por las desganas de lo vivido,
y el café que acompaña
la punzante herida,
que dejó la partida,
se fusiona con las lágrimas
que por la mejilla resbalan...

Mente y cuerpo unidos
en un solo dolor,
y como fantasma
de puntilla viene a mí
el aroma de tu olor,
que arrebata los sentidos
y roba sin aliento, un gemido...

Desde aquí puedo verla,
la tierra del olvido,
donde está cautivo,
el desenfreno de un amorío,
fuerte y fugaz como el cielo,
que sobre la cabaña,
despliega el desfile
de estrellas ambulantes,
revolcándose en el firmamento
arrebatándome el lamento,
de tu partida,
de mi partida...

Lejos del lugar donde un día,
fuiste mi autoría,
mi existencia
y también mi demencia,
¡oh! amarga inclemencia,
ancla mis retinas
en la dulce rutina,
del horizonte que cual fortuna
puedo acoger,
para llegar a entender,
que no me puedo esconder,
tan solo retener,
los momentos contigo vividos
aquí, en el valle del olvido.

7 de mayo de 2011

Aletardada en un sueño

Estaba allí, dulcemente dormida
ni el viento a soplar se atrevía
por miedo a despertar
los sueños que la posían.

Allí se veía, toda ella
cándida como una estrella
pero tan indefensa,
como una niña,
carente de fortaleza.

Tan bello era contemplarla,
con la frescura de sus labios,
palidorosa entrecerrados,
que quería, tan solo besarla.

Quieta, muy quieta estaba,
y no hacía más que admirarla,
y es ese silencio que la acompaña
como compas de flores en calma.

Es ella quien invita a adorarla,
con el alma, mi querida idolatrada,
es ella mi dulce amada,
y mi eterna esperanza
en su letardo, se queda estacionada.

19 de abril de 2011

Sueños rotos

¿Qué es un sueño roto?
Es como el espejo en mil pedazos
que refleja el lado amable
de mi regazo
y el otro distorcionado,
por el asombro de la lágrima
que resbala desilusionada,
al no poder ser comtemplada.

Es como el devastador huracán
que a su paso sin dudar
arranca de raíz y destroza sin piedad
la alegría de alcanzar
en un puñado, la felicidad.

Es una realidad cautiva
en la mente de quien lo aprisiona
deseando emitir la boleta de libertad
y entre las rejas,
ver como a cuenta gotas,
se le escapa la vida.

¿Qué son los sueños rotos?
Es mirar el mar y no divisar su final,
es llegar a comtemplar las estrellas
en el infinito y no poderlas alcanzar.

Un sueño roto es la estela
que acaricia la frontera
de tu silueta ,expuesta,
frente a la fraguada enseñada
sin poder abrazarla
y hacerla suya
frente a la luna.

Rotos los sueños
en quienes son sus dueños,
quedan solo despojos con piel
en cuerpos inertes sin alma
y entre suspiros en calma
y desdeños de ellos la muerte los asalta.

4 de mayo de 2011

Alumbrando una pena

Luna fresca y enterrada
entre las dunas del firmamento,
y tus manchas en forma de lunares
lucen como estrellas pintadas
en el lienzo obscuro de mis penas
escucha mi lamento, ¡ven a mí!

Dulce mañana
deja que la luna se ofenda,
ven y dame claridad,
en tu menguante ofrenda,
refugio de tantas ilusiones rotas en tempestad.

17 de diciembre de 2010

La profundidad de un sentir

Nube gris en cielo obscuro,
así eres tú, arbitrario orgullo
que deja fluir sobre estatutos
sentimientos y buenos augurios.

Cuanto daría porque no seas polizonte
en mi vida naviera, tan ni siquiera,
aunque no valiera la pena
dentro de mi ser, te escondes.

Quien gritara tan solo un pecado
y arroje la primera piedra,
y profane que nunca a estado,
a merced del arrebato anclado.

Orgullo, tan solo tú con tu espada afilada
partes la humildad
y nos haces reaccionar
con temible frialdad.

Orgullo, fatal sentimiento,
la cara oculta del amor,
la confusión hecha decisión,
con garras del más fiero león.

20 de abril de 2011

Para ella

Quien no sabe quien es ella
no entiende el magnetismo
de su negra cabellera
y su adorable belleza
y quien a ella la entendiera,
podría jurar que sin reparo
en su embrujo se sumergiera.

Es solo sentimiento en libertad,
quien quisiera poseerla y a su lado descansar,
y así, mis ojos cerrar
sabiendo que a mi regreso
la vuelvo a encontrar.

Esta poesia es una realidad
es un angel con alas de tinta
y danzas de letras
que flotan en una fresca rima
de sentimientos que me reaniman.

Eso es ella para mí,
dulce ángel de negra cabellera,
ojos grandes como lenguas de fuego,
que se agitan por donde ellos se posan
y en su mirada
yo me pierdo.

Luna enamorada

La luna está resentida,
ya no tiene más tu mirada
y como loca busca entre la nada
tu silueta perdida
en la noble enseñada.

La luna está acongojada,
¿qué te pasa dulce niña?
¿es que acaso estás enojada
o será que estás enamorada?

¡Él es mío!
Déjalo en el olvido,
en sus ojos me he perdido,
y es preciso haberse detenido,
el tiempo,
en el ser que hemos querido.

Lo siento,
no puedo compartirlo,
mas tu lamento
es mi morada,
y tu coqueta luz
su eterna hada.

La luna está asomada,
lamenta estar rivalizada
entre guerra y amor abandonada
y él como si nada,
entre la cama
de dos mujeres enamoradas.

La añoranza

Pasa el tiempo, con su gastado filo
como el caballero que retorna a su nido
después de la batalla, sombrío,
y nos embarga la añoranza
de aquellos momentos
que nos roban los hilos
en la memoria tejidos
y nos dejan perplejos
recordando los sucesos
de nuestros días
en nuestras vidas.

Añoranza perdida
añoranza recorrida
por los jardines
del pasado
que nos transporta al milagro
de nuestra niñez
y en marejada de dolor
a los fracasos adquiridos.

Cuanta anécdotas pintadas de rosa
cuantas cosas a la vez maravillosas
cuantos sueños derramados
en el asfalto de la derrota
quien diga que el tiempo
no es el señor de la inclemencia
no tiene consciencia
o está en demencia.

2 de abril de 2011

Almas gemelas

Almas gemelas somos,
almas separadas
por los abismos
de vidas pasadas
y encontradas
en una fugaz mirada,
en una palabra apasionada,
en una mano encomendada.

Almas gemelas somos
transportadas
en un soplo de ilusiones
posadas y arrinconadas
en el arenal del poeta
donde somos dos saetas
mirando sin fortuna,
hacia la luna
desde esta angosta tribuna
nuestros sueños, se acunan.

Almas gemelas somos
tú y yo
como la arena y el mar
como la lluvia y la tempestad
en un solo grito, callado
empujado y halado
en un mismo sentido
el sueño escondido.

Almas gemelas somos
y aunque ni amigos
ni conocidos
en este cruel destino
no coincidimos
entiendo que te quiero
que por ti me desespero
en un sentir profundo
yo, vivo en tu mundo.

6 de febrero de 2011

Profundo sentimiento

Vivo en un mundo de fieras
y la fiera más rebelde
es la enmarañada soledad
miro el entorno
sin siquiera poder descifrarlo
y que más da
confundida camino
y el cansancio,
de tanto recorrido,
me consume.

Afligida busco
sin encontrar un nido
y sin fervor me arrodillo
y una lágrima
me absorve el espíritu,
las ganas de empujar
hacia adelante,
las ansias de amar latente,
en cada segundo
de mi presente,
en cada neurona
de mi pensamiento.

Dejo que fluya el sentimiento
y la desesperación
viene a mi con el desvelo
y allí al filo de las horas
siento como sombra
en mi espalda la deshonra
empujando hasta la aurora
estos días sin valía.

Y atenta al conformismo
yo vivo,
como si fuera la única gota
de rocío
inalcansable y consumable
hasta agotar
el último suspiro
de la vela de mis idilios.

13 de diciembre de 2011

Sello de amor

Fue en aquel muelle,
prodigiosa huella,
que dejamos un día
y que con decoro
pernocta
en la quietud de las olas
que tú pronunciastes
ante mi asombro
de tu virtuosa boca
las palabras
con las que me volviste loca.

Y fuimos felices,
aquella tarde
contemplando el mar
en tonos amables,
y sonrisas con color
que envolvían junto al sol
las cálidas aguas,
en su magestuso resplandor.

Moría la tarde
y con ella
venían las sombras
que al compás
de las viejas canoas
agitadas en sus proas
y el sonar de las copas
hacían del lugar
mi magistral obra.

Aún en la memoria
anclado al recuerdo
vive aquel día
alimentando el deseo
de revivir el momento
en el que me regalaste
un pedazo de cielo.

18 de enero de 2012

Escapando a la vida

No me ruegues más,
no quiero vivir,
es mucho el sufrir
ya amargo es seguir.

La vida se va
y a pasos apresurados
el alma viene a arropar
la muerte sin más.

No llores, mi bien
dejo ya luchar,
mas no voy a abandonar,
tu sonrisa de mar,
prometo regar
la flor de tu bondad
y en cada mañana
junto al rocío llegar.

La espiga de tu cuerpo
vendré a acariciar
y en la ventisca de la tarde
tu cabello alborotar,
en cada lamento
a tu lado voy a estar,
este es el juramento
que en mi lugar va a quedar.

Llegó el momento,
la dama aguardando está,
por este inútil corazón
que está pidiendo
libertad.

Pero no llores más,
yo voy a estar allá
mejor siéntate aca
debes mi mano tomar
con una sonrisa angelical
y la alegría de Dios,
dame tu bendición
y tu merecido perdón.

25 de agosto de 2011

Furia y amor

Vedado está
el amor
como la fuerte tempestad
que a la razón quiere escapar
y por más que intenta aletear
sus rotas alas estirar
cae y se deja doblegar
de lleno en el mismo lugar.

Necio como tal
aquí, se quiere quedar
clavando como espina de rosal
su estaca, sin duda mortal.

Mas el alma pide libertad
y grita el adiós sin parar
la furia de su lealtad
al amor intenta derribar.

Arde en la piel la quimera
por no ganarle al corazón
y el medallón que aún cuelga
del angar de la pasión
sigue brindando su brillo,
y ante él,
un fino y agudo alarido.

Resbala la piedad
y una lágrima de furia
la viene a buscar
recogiendo los pedazos
de la soledad
y del destino implacable
que logra anidar
el fortuito dolor
de una espesa bruma,
entre la furia y el amor.

13 de diciembre de 2011

Mar del olvido

En momentos de nostalgia
camino a la playa
a la hora que el viento
mece las palmas
y mis pies pueden sentir
la espuma del mar
diviso con cansancio
el arte del ocaso
entre el oleaje sereno
que arremete en el tiempo
dos navíos
desvastados por el naufragio
y el olvido.

El vigor ya no es el mismo
y a pesar del paisaje ofrecido
todo resulta ser,
un espejismo
y enjuagándose
en sus propias aguas
saladas y amargas
quedan escondidos
los sueños cosidos
a remiendos
de esta dama
que siendo alma solitaria
está a merced del destino
y del no entender
porque le ha tocado
vivir, lo vivido.

Y mientras la luna
toca con delicada mano
la marejada
me voy sintiendo cada vez
más enamorada
que la misma luna
brillante cual ninguna
inclemente estocada
que nos condena
a una existencia desolada
por estar aprisionadas,
en el tiempo atrapadas.

18 de enero de 2012

Trampa de la vida

En la última mirada
entrelazada con sus rizos de plata
ella entendía
que a partir de aquel día
entraría la lejanía
y con sus débiles brazos
me dio el abrazo más bondadoso
que jamás nadie me ha dado.

Fui egoista, lo sé
perseguía un puñado de ideales
y en ese anhelo me perdí
mas después entendí
lo imprescindible de
quedarme a su lado,
pues el tiempo ha arrebatado,
la fortuna de mis días.

Hoy soy pobre sin su amor
sin poder haberle dado un adiós
a quien mucho me dio
y una rosa virtual en mi cabeza
es todo lo que puedo entregarle
blanca y brillante
como el túnel que su corazón alumbra.

Miro mis dedos
en un breve espacio
cierro mis ojos
y allí la veo
dibujando con vehemencia
la tierna caricia que mitigaba
su entrega
haciendo de mí, su tesoro
y ella para mí, también lo era todo.

Imagino su morada
un mundo dentro de este mundo
donde el sol nace con una sonrisa
y la luna baila sin reparos
donde la brisa encuentra amparo
por ser ella el ángel
más humano
más amado
y más encantado
que jamás haya encontrado,
y así al final
en su morada, yo descanso
y en su descanso yo hallo mi morada.

16 de enero de 2012

La caída del vuelo

Ángel que cubres las alturas
con alas de nacar
y vuelo de pluma
ven a mi socorro
bendito soplo
de vida
dame la valía
levántame de esta caída.

Ángel, tú que ayudas
a los desvalidos
y reparas con cariño
las alas rotas
cubre de cera las mías
que tumbadas están
y queriendo planear
el vuelo
sin tu luz y tu guía,
hacerlo no puedo.

Ángel sé que hoy es un mal día
te prometo
encontrar mejoría
por ahora
déjame descansar
a tu lado
arrimando mi cuerpo agotado
y mi corazón deshojado.

Ángel ofreceme un sueño
en tu cielo foraneo
sin llegar al suelo
vamos de la mano
por el gran infinito
ábreme la reja
que me lleva prisionera
de sendas recorridas
y penas adquiridas
enséñame a ser feliz
aléjame del sufrir
y en un nuevo despertar
prepárame a continuar.

19 de enero de 2012

Retórica desesperada

Quien dijo que no se podía
ser dulce y a la vez cruel
como la fruta madura
que nos deleita con su miel
y al final nos detiene
en su desdén.

Quien es capaz de trazar
un mapa de pasión
en el bajo vientre
con verdadera vocación
y sin una explicación
como un demente
detener el frenético tren
del amor.

Quien, dime quien
rechaza cariño
con torpeza
sin dejar que la ruleta
te vuelque la vida
en un soplo de energía
y así sin consumirla
te devuelva
la alegría perdida
la sonrisa escondida
y el deseo
de volver a conquistarla.

24 de enero de 2012

Proeza de un perdedor

Tan lleno el vacío,
y tan tacaño el porvenir
con soles obscuros
y pasos en falso
añejados como el vino
en el anzuelo
del descontento
y ni tan siquiera
un amuleto
de buena suerte
abriga la reputación
de aquel perdedor
que por amor
todo lo entregó.

Suena el látigo doblegado
por la indiferencia
y el estrujado
corazón
pide hoy, compasión
implorándoselo
a Dios
como el sabio perdedor
que en la tierra
tan solo está
lanzando hacia el cielo
la proeza de un soñador
con gesto de consuelo
y postura de gladeador.

12 de febrero 2012

Existencialismo

Campos verdes con cielo gris
ensombrecen el regreso
al rutinario vivir
gente que va,
gente que viene
y entre todos ellos
un colapso absorbente
extraña sensación,
tanta soledad
y a cuestas
la ansiedad.

Campos verdes con sombras grises
cierran los párpados
y expanden hambrientas narices
obligando a recordar
cuando se quiere
tan solo olvidadar
en tierra extranjera
y con la esperanza también
viajera
de encontrar en un cielo gris
algún día
la razón del existir.

Mi ser

Sé Dios que tú eres justo
me has dado la vida en un pedazo de ser
me has pintado dos ojos con los que puedo ver
y me has dibujado la sonrisa
con que mis labios se dan gusto.

Amo mis brazos porque se mueven
y pueden cobijar el calor de la gente
y a mis piernas porque me dejan correr
por los caminos que me das para escoger.

Adoro mis sentidos
porque me gritan que estoy vivo
admiro mis oídos
porque saben escuchar el silencio
y el ruido.

Soy fiel amante de mi alma
reflejo de mi abuela en dulce calma
me has obsequiado
todas las armas
y sin embargo aún no sé
como usarlas.

Admito, ante ti soy poco o nada
frente a tanta maravilla
que convierte el mundo en magia
permíteme redimirme ante tu pureza
para poder entenderte
Ee toda tu grandeza.

Soy pobre mi Dios,
y rica a la vez
pobre porque no guardo
sentimientos malos
y rica porque me has dado
todo mi ser.

9-11

Apareció de repente la muerte
sus alas tendio en sus frentes
llegó volando el acero irrompible
y derribó al gigante invencible.

Sombras y penumbras
tan solo quedaron
miles de vidas
este día se acabaron
y a ninguno de ellos
tan solo preguntaron
si ya se sentían
vividos y cansados.

Hombres, mujeres y niños,
razas y colores unidos
todos, sin piedad por el mal
abatidos
cuerpos que el suelo
de rojo han teñido.

Día a pleno sol
transformado en dolor
fruto del fanatismo
convertido en traición,
sueños perdidos
en un cruel destino
busquen al cretino
que ha matado la ilusión.

Queda una nación
unida en una voz
queda el recuerdo
de un último adiós
queda encendida
en corazones la opresión
queda la añoranza
de la arrebatada bendición.

11 de septiembre de 2001

Labios de pasión

Mis ardientes labios
prueban el fruto de lo prohibido
y se apega a la miel
que de ellos emana,
no es locura,
no es delirio,
es solo que por ti
yo vivo.

Tropiezo por instantes
en cada pensamiento
que perturba mi mente
recordando
lo frágil que soy
cuando por ti,
voy desvariando.

Ay dulce amor
con fragancias y sabores,
a veces me condenas
a la esclavitud
de tus cadenas
y atada a ti
por siempre seguiré
esperando que de mí
aceptes dejarte querer.

Instantes

Cuando llega el golpe y no avisa,
cuando las cosas no van bien,
cuando empezamos a levantar
y la vida nos vuelve a tumbar
cuando no tenemos
deseos de hablar
y el eco del silencio
se siente retumbar,
cuando queremos correr,
mas nuestros pies solo pueden caminar
cuando llegar a una meta
es mas dificil que alcanzar
una estrella.

Cuando perdemos lo más valioso
y no lo podemos recuperar
cuando todo esto pase
deberemos entender
que el milagro de la vida
es vencer a la vida
que el prestigio de un ser
es caer y no descender
al bajo mundo del infierno
al poderío del opositor
al despojo de la tierra
lugar de aves maltrechas
y capullos desdeñados
por la traición y el olvido.

Debemos entender,
que la victoria es la luz
de nuestro ser
ascender,
a nuestras coronillas
donde se impina el álamo
violeta
con dirección al infinito
y allí, rodeado de intención
dejar abrir
la más bella flor
el amor.

15 de febrero de 2012

Recuerdo

Entiendo que los seres humanos
somos esclavos de nuestras propias decisiones
la arritmia de la vida
nos empuja a las laderas más profundas
y es el miedo a enfrentarlas o
a deslizarnos en ellas
las que nos oprimen las ganas
eres toda mi existencia,
y amarte así de esta manera
es una sentencia
que me ata a la cárcel del placer,
como se ama al aire,
así de necesario eres para mí,
pero aún no puedo entender
porque yo para ti no soy tu alquimir,
tu aliento y tu fortaleza,
dime sin rudeza
porque no quieres tomar mi mano
e ir sin temer a la torpeza,
de nuestros pasos
de nuestras fuerzas,
aún en las altas cumbres
los deslabes bajan
en forma de avalancha,
y sin esperanza,
te dedico esta añoranza.

Solo por hoy

Solo por hoy
camina sin miedo
desnuda el sentimiento
entiende a tu enemigo
abriga al desvalido
brilla sin que importe tu brillo
engancha el orgullo
se átomo y molécula.

Solo por hoy
sigue tu instinto
mira al infinito
envuélvete en luz
da amor y respeto
entrega y recibe
ayuda y sonríe.

Solo por hoy
se quien quieres ser
se quien debes ser
se quien puedes ser
un espíritu de bondad
siguendo la luz
encontrarás
solo por hoy
tu felicidad.